Gewaltfreie Kommunikation mit Kindern

Wie Sie mit Ihrem Kind respektvoll kommunizieren, Gefühle ausdrücken, Bedürfnisse erkennen und Konfliktsituationen gemeinsam lösen - inkl. 4 Stufen GFK Modell

Nadine Seeberg

INHALT

Das erwartet Sie in diesem Buch

„**D**eine Präsenz ist das wertvollste Geschenk, das du einem anderen menschlichen Wesen machen kannst."
Marshall B. Rosenberg

In welcher Form kann uns Kommunikation helfen? Durch empathisches, harmonisches Kommunizieren gibt sie Ihnen einen tiefen Einblick in Ihr Gegenüber. Sie öffnen ein Fenster zu den Emotionen und den individuellen Bedürfnissen, mit denen Sie mit Respekt begegnen solltcn. Denn fordernde, verletzende und auf Vorwürfen basierende Äußerungen treffen dagegen oftmals auf Ablehnung, weshalb sich Ihr Gegenüber zurückziehen oder gegebenenfalls verteidigen möchte. Die Folge: Es zieht sich eine Mauer zwischen beide Gesprächsparteien, die sich bei wiederholten, negativ behafteten Gesprächsverläufen verhärten wird.

Dies ist ein Zitat und einer möglichen Deutung von Marshall B. Rosenberg, dem Entwickler der Gewaltfreien Kommunikation (GFK), Autor und von zahlreichen Ratgebern und Sachbüchern bezüglich dieses Themas, indessen sich auch das oben genannte Zitat wiederfindet. Doch was ist eigentlich die Gewaltfreie Kommunikation und warum benötigen wir sie? Wie kam es zur Entstehung? Was war die Ursache? Und für uns im Fokus – wie findet sie Anwendung bei der Erziehung von Kindern? Was wird damit erreicht? Wie kann ich meine Beziehung zu meinem Kind stärken und verbessern?

Konflikte sind Teil unseres Zusammenlebens. Sie begleiten uns von Geburt an. Kinder streiten sich mit anderen Kindern, mit ihren Geschwistern, ihren Eltern usw. Erwachsene mit den Arbeitgebern, den Angestellten, der Familie und oft folgt daraus ein Egoismus in der Gesprächsführung und zu einer gewaltvollen

Kommunikation. Wie also schaffen Sie es, trotz eigenem Frust von der Arbeit, mit Ihrem Kind ein Gespräch zu führen, das nicht nur erfolgreich ist, sondern auch ohne Vorwürfe und Druck beendet wird?

Diese Fragen werde ich Ihnen beantworten, indem ich Ihnen aufzeige, wie Sie GFK erfolgreich in der Erziehung Ihres/eines Kindes anwenden können. Sie werden Möglichkeiten aufgezeigt bekommen, die Sie in verschiedenen Situationen verwenden können und sowohl Ihre Bedürfnisse wahrnehmen und deutlich benennen können als auch die Ihres Gegenübers.

Einleitung

Kommunikation – zwischenmenschliche Beziehungen untereinander, ein Zusammenleben der Menschen wäre nicht möglich ohne Kommunikation. Sie bildet das Fundament.

Dabei umfasst sie mehr als die eigentliche, hörbare Sprache. Die Sprache wird von Signalen wie Mimik und Gestik und dem Verhalten untermauert. Dies geschieht wortlos, was auch als nonverbal bezeichnet wird. Sie sind das Mittel der Menschen, um ihre Gefühle zu zeigen, Nähe oder Distanz zu schaffen und sich im Alltag mit den Mitmenschen auszutauschen.

Gerade bei Kindern ist das sehr wichtig, da der kindliche Austausch von Geburt an in eine eingehende Beziehung eingehüllt ist und bestätigt und vertieft diese immer wieder neu.

Der Psychologe Marshall B. Rosenberg entwarf dazu ein Modell zur gewaltfreien und folglich besseren und zielführenden Kommunikation. Hierbei geht es vor allem um den besseren Ausdruck der eigenen Bedürfnisse und Wünsche und demnach den Grund für Gewalt und Frust.

Ein Modell zur gewaltfreien und damit besseren Kommunikation hat der US-amerikanische Psychologe Marshall B. Rosenberg entworfen. In diesem Modell geht es vor allem darum, wie die eigenen Bedürfnisse und Wünsche besser zum Ausdruck gebracht werden können, um der Ursache von Gewalt und Wut auf den Grund zu gehen.

So werde ich Ihnen nicht nur das Konzept der nach Rosenberg entwickelten gewaltfreien Kommunikation vorstellen und ihn als Person, sondern auch die praktische Anwendung der GFK in Bezug auf die Erziehung und der damit verbundenen Kommunikation mit Kindern.

Am Ende werde ich Ihnen ein kurzes Fazit zu dem Modell der GFK und der praktischen Umsetzung geben, in der Hoffnung, dass Sie selbst einen Nutzen daraus ziehen und im Alltag mit Ihren Kindern Anwendung finden.

Die Gewaltfreie Kommunikation

WER IST MARSHALL B. ROSENBERG?

Marshall B. Rosenberg ist der Erfinder der gewaltfreien Kommunikation, dessen Werke als Platzhüter auf der Bestsellerliste sind, wenn es um die Themen „Konflikt" und „Kommunikation" geht.

Er wurde in Ohio, USA, geboren und zog mit 9 Jahren zusammen mit seiner Familie 1943 nach Detroit. Dort machte er erste prägende Erfahrungen im Zusammenhang mit Gewalt. Als nicht praktizierender Jude wurde Marshall B. Rosenberg von seinen Mitschülern so gut wie täglich aufgrund seiner Glaubensrichtung verprügelt. Auch Zuhause, in seinem Viertel, das zu seiner Zeit ein Schwarzenviertel war, fand er keine Ruhe, denn dort herrschten schwere Rassenkrawalle, wodurch innerhalb einer Woche um die 30 Menschen getötet wurden und Marshall B. Rosenberg das Haus nicht verlassen durfte.

Innerhalb seiner Familie jedoch fand er gegenüber den armen und kranken Menschen viel Empathie und Solidarität. Nicht nur die im Sterben liegende Großmutter, sondern auch den dementen Großvater, als auch eine erkrankte Tante, pflegten sie gewissenhaft. Dabei wurden sie kräftig von seinem Onkel Julius unterstützt.

Marshall B. Rosenberg behielt seinen Onkel als einen Mann in Erinnerung, der seine Kunden in seiner Apotheke, die sich ebenfalls im Schwarzenviertel befand, mit viel Mitgefühl empfing und stets ein Lächeln aufwies, im Kontrast stehend zu seinem Vater, der ihm gegenüber keine Gefühle aufzeigen konnte und recht schweigsam war.

So kam es, dass Rosenberg von wesentlichen Fragen geplagt wurde:

- Warum haben Menschen das Bedürfnis, sich gegenseitig wehzutun?

- Warum werden Sie gewalttätig?
- Wie kommt es, dass Menschen, selbst unter den schlimmsten Umständen, trotzdem noch Empathie empfinden können?

Aufgrund seiner vielen Schlägereien, die er als Raufbold erlebte, genoss Rosenberg viele Aufenthalte im Krankenhaus und erhielt drei Schulverweise, weshalb er mit seiner Familie 1950 in ein friedvolleres Stadtviertel zog. Dort erlangte er einen Abitur-ähnlichen Abschluss und galt als hochbegabt. Seine Hausarbeit zum Thema Kriminalpsychologie motivierte ihn, ein Psychologiestudium zu absolvieren, da er der Meinung war, dort die Antworten auf seine umherschwirrenden Fragen zu finden. Denn nicht die Wissenschaft sollte dieses Bild eines erfolgreichen Kommunikationsprozesses formen, sondern die Zusammentreffen mit nicht nur inspirierenden, sondern auch einfühlsamen Persönlichkeiten.

DIE MENSCHLICHE GRUNDHALTUNG IN DER GEWALTFREIEN KOMMUNIKATION

Was ist „Kommunikation"?

Es ist gibt keine allgemeine, anerkannte Definition der Kommunikation, da diese in vielen Bereichen Anwendung findet. Wikipedia spricht von einem „Austausch zur Übertragung von Informationen, die auf verschiedene Arten (verbal, nonverbal und paraverbal) und auf verschiedenen Wegen (Sprache, Schrift, Bild) stattfinden kann."

Zu der verbalen Sprache gehören folgende Zeichen:

- Gesprochene und geschriebene Sprache.

Zu der nonverbalen Sprache gehören folgende Zeichen:

- Blick, Mimik, Gestik, Takt
- Raumdistanz
- Accessoires, Kleidung, Staffage.

Zu der paraverbalen Sprache gehören folgende Zeichen:

- die „Begleitmusik" des Sprechens, wie zum Beispiel die Stimme, die Lautstärke, Sprechtempo und Sprechmelodie, Pausen etc.
- Schriftbild, Charakteristika der Person.

Daraus können mögliche Missverständnisse entstehen, vor allem bei der nonverbalen Kommunikation. Bei einer gelungenen Kommunikation nach Schulz von Thun gibt es immer vier Ebenen, auf die sich ein Gespräch aufbauen kann. Dabei muss beachtet werden, dass sowohl Empfänger als auch Sender auf der gleichen Ebene kommunizieren.

Schulz von Thun teilte die Ebenen in Sachebene, Selbstoffenbarungsebene, Beziehungsebene und Appellebene ein. In der Sachebene geht es darum, wie der Sachverhalt zu verstehen ist, in der Selbstoffenbarungsebene geht es darum, selbst zu äußern, was Sie von sich selbst preisgeben wollen und festzustellen, was Ihr Gegenüber von sich preisgibt. Auf der Beziehungsebene hingegen erörtern Sie gegenseitig, in welcher Beziehung Sie zueinanderstehen, was Sie von Ihrem Gegenüber halten und benennen dies. Die

Appellebene zeigt auf, wozu der Sender den Empfänger veranlassen möchte, und der Empfänger sich überlegt, was er fühlen, denken soll.

Weitere Herausforderungen in der zwischenmenschlichen Kommunikation können neben den vier Ebenen auch die unterschiedlichen Ansichten oder Vorwissen sein, die Formulierung (unter Stress werden Sie anders kommunizieren und Antworten anders aufnehmen). Wenn Sie in Erwartungshaltung sind, in dem Sie von einer Antwort ausgehen, die Sie dann nicht hören, werden Sie darauf ebenfalls anders reagieren.

Was ist „gewaltfreie Kommunikation"?

Wie oben bereits erwähnt, wurde die gewaltfreie Kommunikation (GFK) von Marshall B. Rosenberg entwickelt. Er wollte eine Möglichkeit schaffen, konstruktiv Konflikte zu bearbeiten, doch wurde aus daraus viel mehr. Inzwischen dient das entwickelte Konzept als anerkannte Grundhaltung inner-humanen Beziehungen. Wie Rosenberg selbst sagt: „...hilft die GFK uns bei der Umgestaltung unseres sprachlichen Ausdrucks und unserer Art zuzuhören."

Marshall B. Rosenberg verwendet die Bezeichnung „Gewaltfreiheit" im Sinne von Gandhi, der ein empathisches Lebewesen meint und sich frei entfalten kann, wenn die Gewalt in uns nachlässt. Auch, wenn

Sie möglicherweise denken, dass Ihrer eigene Wortwahl, Ihrem Ausdruck und Verhalten nichts „Gewalttätiges" anzusehen ist, können diese bei Ihrem Gesprächsgegenüber verletzend und vorwurfsvoll verstanden werden.

Gewaltfreiheit meint also die Handlungen und Haltung eines Menschen, mit denen nicht nur unsere Bedürfnisse, sondern auch die unseres Gegenübers in Einklang gebracht werden.

In der GFK legen Sie dar, was Sie innerlich bewegt und benennen Ihre Bedürfnisse klar und deutlich (Selbstbehauptung). Trotzdem hören Sie Ihrem Gegenüber mitfühlend nach seinen Bedürfnissen und Wünschen zu (Einfühlung). Diese beiden Prozesse bilden das grundlegende Fundament der GFK, wobei nicht das Ziel ist, Ihre eigenen Bedürfnisse zu vernachlässigen oder die Ihres Gegenübers nicht wertzuschätzen, sondern einen Ort zu schaffen, an dem alle Bedürfnisse willkommen und erfüllt sind.

Die Symbole der gewaltfreien Kommunikation
Marshall B. Rosenberg für die innerliche Grundhaltung und dem Sprachgebrauch, steht die Giraffe als Sinnbild der gewaltfreien Kommunikation, die durch ihr Herz, welches die eigene Sprache und Haltung, ausgehend vom Herzen, repräsentiert.

Im Gegenzug wird die gewaltvolle Kommunikation, die durch Vorwürfe, Druck, Schuld und Forderungen geprägt ist, mit dem Wolf, der mit seinen scharfen Zähnen zubeißt, ein Sinnbild für diejenigen darstellt, die in einem Gespräch mit ihren Worten, andere verletzen. Denn dadurch kann sich ein negativer Kreislauf bilden, der im schlimmsten Fall in Streit oder Hass endet. Diese aggressive Art der Sprache bezeichnet Rosenberg als Wolfssprache, die dazu führt, dass der Gesprächspartner sich unwohl fühlt, sich distanziert oder sich gar wehrt. Die Ursache dafür ist, dass der andere seinen Selbstwert nicht zu schätzen weiß und diesen vergeblich sucht. Demnach verursacht Wolfssprache wechselseitige Aggression. Merkmale dafür sind:

Analyse: „Wenn du darauf geachtet hättest ..."
Kritik: „So machst du das falsch, dass musst du so machen."
Interpretation: „Das sagst du doch, weil ..."
Wertungen: „Du bist dumm, faul, du liegst richtig, falsch ..."
Strafandrohungen: „Wenn Du nicht sofort ..., dann passiert ..."

Anbei ein praktisches Beispiel von einem Kind und mir voller „wölfischer" Bedrohung und „giraffischer" Versöhnung.

DIE VIER STUFEN DER GEWALT-FREIEN KOMMUNIKATION

Marshall B. Rosenberg unterteilte die GFK in vier Komponenten, die das Verhalten Ihres Gesprächspartners bestimmen. Dabei soll man, nach Rosenberg, sich ehrlich ausdrücken können und dem Gegenüber empathisch zuhören, dass mit einer Haltung, die achtsam und klar ist, geschehen. Rosenberg bezeichnet diese Methode der Kommunikation als „Giraffensprache". Eine Giraffe ist mit ihrem doch recht langen Hals und ihrem großen Herz ein Emblem dafür, bei komplexen Situationen die Übersicht beizubehalten und dabei verständige Empfindsamkeit auszudrücken.

Diese vier Komponenten nach Rosenberg beeinflussen die Haltung Ihres Gesprächspartners:

1. *Die Beobachtung:* Was passiert und was hören und sehen Sie? Die Kunst liegt darin, unvoreingenommen die Situation wahrzunehmen und diese einfach, aber doch präzise in Worte fassen zu können. Hier hilft es

Ihnen sicherlich, die geschehene Situation zeitlich und kontextuell zusammenzusetzen. Das verdeutlicht nicht nur Ihre Aussage und vermeidet so unnötige, ungenaue Beurteilungen. So sollten Sie, statt zu sagen „Felix ist sehr gelangweilt und desinteressiert", dass sowohl bewertend als auch ungenau die Situation darstellt, die Beobachtung wie folgt formulieren: „Felix ist seit 30 Minuten still und beschäftigt sich mit Nichts.", und darauffolgend nach dem Hintergrund fragen.

2. *Das Bezeichnen von Gefühlen*: Das bedeutet, dass Sie aussprechen, wie Sie sich fühlen, wie zum Beispiel: müde, irritiert, enttäuscht, verletzt, froh, glücklich usw. Denn es ist wichtig, Wörter, die Ihre Gefühle verdeutlichen, und Wörter, die aufzeigen, wie wir sind und was wir aussagen wollen, auseinanderhalten zu können. So können Sie sagen: „Ich fühle mich in meiner Beziehung als selbstverständlich", welches kein Gefühl aufzeigt, sondern lediglich die Situation, in der Sie sich befinden, und Ihrem Gesprächspartner ungewollt die Verantwortung Ihres Wohlbefindens überträgt. In der GFK sollte der Satz wie folgt lauten: „Ich fühle mich einsam, traurig, ..., weil ich zu wenig Wertschätzung in meiner Beziehung erhalte."

3. *Das Bezeichnen Ihrer Bedürfnisse*: Nachdem Sie Ihre Gefühle beschrieben haben, sollten Sie sich fragen, welches Bedürfnis dahintersteht. Ist es Ruhe, Liebe, Kreativität etc.? Die von Rosenberg entwickelte GFK erfordert das eigene Erkennen der Situation, sie anzunehmen und Gefühle, die ausgelöst wurden von einer bestimmten, situativen Beachtung, anzunehmen. „Wenn z. B. jemand zu spät zu einer Verabredung kommt und wir die Bestätigung brauchen, dass wir ihm etwas bedeuten, dann fühlen wir uns vielleicht verletzt. Wenn wir stattdessen das Bedürfnis haben, unsere Zeit sinnvoll und konstruktiv zu verbringen, sind wir vielleicht verletzt. Wenn wir andererseits das Bedürfnis nach einer stillen halben Stunde haben, dann sind wir unter Umständen sogar dankbar für die Verspätung und ärgern uns keineswegs. So wird deutlich, dass nicht das Verhalten des anderen, sondern unser eigenes Bedürfnis unser Gefühl hervorruft." (Rosenberg 2005, S 165). Das bedeutet nichts anderes, als dass Sie selbst dafür sorgen müssen, dass Ihre Gefühle und Ihre Bedürfnisse im Einklang sind.

4. *Das Bitten*: Hierbei sollten Sie sich fragen, was Sie von Ihrem Gesprächspartner wollen und dass möglichst so, dass beide Parteien den Gesprächsverlauf und

-ende genießen können. Was kann Ihr Gesprächspartner tun, um Ihr Wohlbefinden und Ihre damit ver-
bundene Lebensqualität zu verbessern? Die Kunst dabei ist, Ihren Gesprächspartner durch Forderungen unter Druck zu setzen. Bitten Sie tatsächlich um Etwas,
damit Ihr Gegenüber die freie Entscheidung hat, in
welcher Form es Ihrer Bitte begegnen möchte. Sollte
Ihr Gegenüber Ihre Bitte, mit einer negativ behafteten
Antwort kontern, so heißt das keinesfalls, dass Sie Ihr
Anliegen aufgeben müssen, sondern nutzen Sie die
Chance und hinterfragen Sie Ihr Gegenüber, worin die
Gründe liegen, die ihn von einem „Ja" abhalten.

DER HÖCHSTSTAND DER
MENSCHLICHEN INTELLIGENZ

J. Krishnamurti, ein in indischer Philosoph, erkannte,
dass es der höchste zu erreichende Stand der menschlichen Intelligenz ist, eine Beobachtung zu tätigen,
ohne dabei zu bewerten. Diesem Satz begegnete auch
Marshall B. Rosenberg, dem dazu nur Folgendes in den
Kopf stieg – „So ein Blödsinn!", um dann festzustellen,
dass er soeben eine Wertung abgegeben hatte. Er setzte
sich mit sich selbst und dem allgemeinen Problem der
Routine und Gewohnheiten ab und erstellte eine

Tabelle, die veranschaulicht, wie Beobachtung und Bewertung voneinander unterschieden und wie sie vermischt werden.

Kommunikation	Beobachtung und Bewertung vermischt an einem Beispiel	Beobachtung und Bewertung getrennt an einem Beispiel
Der Gebrauch des Verbs „sein" ohne Anmerkung das der Bewertende seine Verantwortung seiner Bewertung übernimmt.	„Du bist zu naiv."	Wenn ich sehe, dass du zu allem „Ja" sagst, finde ich, dass du zu naiv bist.
Der Gebrauch von Verben mit einem bewertendem Beigeschmack	„Max schiebt seine Termine immer vor sich her."	Max beginnt erst am Vortag der Prüfung an mit dem Lernen.
Die Annahme, dass die eigene Meinung und die eigenen Gefühle und Bedürfnisse vor	„Sie wird ihre neue Arbeit sicher nicht schaffen."	Ich glaube, dass sie ihre neue Arbeit nicht schaffen wird.

allem anderen stehen.		
Annahme mit vorhandenem, richtigem Wissen vermischen.	„Wenn deine Ernährung nicht ausgewogen ist, wird deine Gesundheit davon Schaden tragen."	Wenn deine Ernährung nicht ausgewogen ist, habe ich die Befürchtung, dass deine Gesundheit Schaden davon tragen wird.
Unbestimmte Anrede einer Person, die nicht Teil der Bezugsgruppe ist.	„Ausländer stehlen ständig fremdes Eigentum."	Ich habe gesehen, wie der Herr Meyer aus der Landstraße 13 gestern Abend den Gartenzwerg von seinem Nachbarn hat mitgehen lassen.
Nutzung bestimmter Wörter, die eine Fähigkeit darstellen, ohne aufzuzeigen, dass sich eine Bewertung dahinter verbirgt.	„Nicki ist eine schlechte Basketballspielerin."	Nicki hat die letzten fünf Spiele keinen Korb geworfen.

Die Benutzung von Adverbien, Adjektiven, welche nicht aufzeigen, dass sie eine Bewertung darstellen.	„Mila ist dumm.“	Mila hat auf die Frage von Frau Schmidt mit einer falschen Annahme geantwortet.

Dabei ist anzumerken, dass auch die Wörter *immer, jemals, nie, jedes Mal* usw. eine Beobachtung ausdrücken können, ohne zu bewerten. Hierzu ein paar Beispielsätze:

- Jedes Mal, wenn Tina in meinem Beisein telefoniert, hat sie nie länger als 30 Minuten telefoniert.
- Ich kann mich nicht daran erinnern, dass du mir jemals einen Kaffee ausgegeben hast.

Werden diese allerdings im Sinne einer Übertreibung genutzt, dann vermischen sich Beobachtung und Bewertung wie folgt:

- Immer musst du so neugierig sein.
- Du bist nie zu Hause, wenn ich dich besuche.

Auch können Wörter wie „immer“ und „selten“ dazu beitragen, dass eine Verwechslung von Beobachtung und Bewertung stattfindet.

Bewertung	Beobachtung
Selten machst du das, was ich sage.	Die letzten vier Male, als ich wollte, dass du den Müll herunterbringst, hast du dies nicht getan.
Er muss immer das letzte Wort haben.	In letzter Zeit ist mir aufgefallen, dass er bei unseren Diskussionen das letzte Wort haben musste.

Man kann also sagen, dass die GFK zunächst die Auseinanderhaltung von Beobachtung und Bewertung erfordert, die eine prozessorientierte Sprache, die Verallgemeinerungen verhindern soll.

Marshall B. Rosenberg, hat hierzu in seinem Buch eine Übung vorgestellt, um die eigene Kompetenz der Auseinanderhaltung von Beobachtung und Bewertung zu festigen. Daher möchte ich Ihnen diese Übung auch vorstellen.

Markieren Sie die Auflistung der folgenden Sätze, die eine Beobachtung aufzeigen, ohne zu bewerten.

1. Maria war gestern ohne Grund zickig zu mir.

2. Heute Morgen hat Tina beim Haare Bürsten und Radio Hören mitgesungen.

3. Stephan hat mich während unseres Termins nicht ausreden lassen.

4. Meine Mutter ist eine gute Hausfrau.

5. Jenny arbeitet sehr viel.

6. Peter ist wütend.

7. Leonie war diese Woche immer die Erste im Klassenraum.

8. Mein Sohn wäscht sich oft nicht Ohren.

9. Mein Partner hat mir das Kompliment gemacht, das mir lange Kleider besonders gut stehen würden.

10. Meine Oma schimpft immer, dass ich mich zu wenig bei ihr melde.

Hierzu meine Lösungen auf der Grundlage von Rosenberg:

1. Haben Sie diesen Satz markiert, so stimmen Sie nicht mit der Lösung von Rosenberg überein, da er „ohne Grund" und „grundlos" als eine Bewertung ansieht. So hält er auch „zickig" für eine Bewertung, da Maria ebenso traurig, verletzt oder anders gefühlt haben könnte.

2. Haben Sie diesen Satz markiert, so stimmen Sie mit der Lösung von Rosenberg überein, der dies als Beobachtung, ohne Bewertung ansieht.

3. Haben Sie diesen Satz markiert, so stimmen Sie mit der Lösung von Rosenberg überein, der dies als Beobachtung, ohne Bewertung ansieht.

4. Haben Sie diesen Satz markiert, so stimmen Sie nicht mit der Lösung von Rosenberg überein, der „gute Hausfrau" für eine Bewertung hält. Ein bewertungsfreier Satz könnte lauten: „Meine Mutter hat ihren Job damals aufgegeben, um sich in den letzten 25 Jahren um die Kinder und den Haushalt kümmern zu können."

5. Haben Sie diesen Satz markiert, so stimmen Sie nicht mit der Lösung von Rosenberg überein, der „sehr viel" für eine Bewertung hält. Ein bewertungsfreier Satz könnte lauten: „Jenny hat diese Woche mehr als 20 Stunden mit Schreiben verbracht."

6. Haben Sie diesen Satz markiert, so stimmen Sie nicht mit der Lösung von Rosenberg überein, der „wütend" für eine Bewertung hält. Ein bewertungsfreier Satz könnte lauten: „Peter hat seine Schwester angeschrien, nachdem sie das Programm des Fernsehers geändert hatte."

7. Haben Sie diesen Satz markiert, so stimmen Sie mit der Lösung von Rosenberg überein, der dies als Beobachtung, ohne Bewertung ansieht.

8. Haben Sie diesen Satz markiert, so stimmen Sie nicht mit der Lösung von Rosenberg überein, der „oft" für eine Bewertung hält. Ein bewertungsfreier Satz könnte lauten: „Mein Sohn hat die letzten beiden Male seine Ohren nicht mit gewaschen."

9. Haben Sie diesen Satz markiert, so stimmen Sie mit der Lösung von Rosenberg überein, der dies als Beobachtung, ohne Bewertung ansieht.

10. Haben Sie diesen Satz markiert, so stimmen Sie nicht mit der Lösung von Rosenberg überein, der „schimpft immer" für eine Bewertung hält. Ein bewertungsfreier Satz könnte lauten: „Meine Oma hat mich zum zweiten Mal darum gebeten, mich öfter zu melden."

GEFÜHLE WAHRNEHMEN UND AUSDRÜCKEN KÖNNEN

Zu Beginn der GFK tätigen Sie Beobachtungen, ohne diese zu bewerten. Jetzt werden Sie Ihre Gefühle klar benennen.

Folgen unterdrückter Gefühle

Der Bestand an Schimpfwörtern ist oft breiter gefächert als der Wortschatz, mit dem Sie Ihre Gefühle benennen und wörtlich darlegen können. In unserer heutigen Gesellschaft ist es als normal angesehen, nicht über Gefühle zu sprechen. Und viel erschreckender ist, dass viele von uns erst gar nicht gelernt haben, ihre Gefühle zu fühlen.

Gerade schwach angesehene und negativ behaftete Gefühle wie Wut, Trauer, Angst und Scham finden oft keinen Platz. Wer möchte schon Schwäche zeigen? Wir betäuben oder unterdrücken sie, um uns nicht verletzlich zu zeigen oder gar unserem Gegenüber einen Angriffspunkt darzubieten. Doch sollte Ihnen bewusst sein, dass es nicht möglich ist, Ihre Gefühle teilweise auszuschalten. Sie verlieren dadurch die Gabe, echte Freude und pures Glück zu erfahren und zu fühlen. Das Leben zieht an Ihnen vorbei, ohne dass Sie es spüren können, da Sie abstumpfen. Im zweiten Schritt der GFK widmen Sie sich wieder authentisch und aufmerksam Ihren Gefühlen, die eine Brücke zu Ihren unerfüllten und erfüllten Bedürfnissen sind. Sie benötigen diesen Zugang zu Ihren Emotionen, um ein erfülltes Leben zu führen und verantwortungsvoll handeln zu können.

Pseudogefühle mit nicht geheilten Wunden

Was sind Pseudogefühle, fragen Sie sich? Sie kennen vielleicht die Situation, dass Sie die Ursache für Ihre Gefühlslage in Ihrer Umgebung sehen. So passiert es, dass Sie sich gestört von Ihren Kindern fühlen, die zu laut spielen, sodass Ihre Konzentration darunter leidet. Oder Sie fühlen sich vernachlässigt, weil Ihr Partner lieber an der Konsole hängt, als mit Ihnen Zeit zu verbringen. Womöglich fühlen Sie sich auch wertgeschätzt, weil Sie eine Beförderung oder ein Lob von Ihrem Chef bekommen haben. Folglich sind die anderen an Ihrer Gefühlslage „schuld", wenn es Ihnen schlecht oder gut geht. Und so machen Sie Ihr Wohlbefinden von Ihren Mitmenschen abhängig.

Gehen Sie bitte in sich: Beschreiben Worte wie ausgenutzt, übersehen, missbraucht, verlassen, vernachlässigt, betrogen oder positive Worte wie respektiert, anerkannt, geliebt und geachtet, tatsächlich Ihre Gefühle? Nein. Sie drücken vielmehr die Tat aus, die der andere mit uns vermeintlich antut. Und je nach

Handlung der Person fühlen Sie sich gut oder schlecht und geben auf diese Weise die Verantwortung für unser Wohlbefinden ab.

Nun zu den nicht geheilten Wunden: Wenn Sie sich nun vornehmen, statt Pseudogefühle authentische Gefühle zu benennen, wartet schon die nächste Herausforderung: Denn fragen Sie sich, wie Sie sich fühlen, wenn Sie zum Beispiel denken, dass Ihr Partner Sie verlässt? Womöglich einsam, ängstlich und hilflos. Diese Emotionen stammen noch aus Ihrer Kindheit, als Sie tatsächlich abhängig und angewiesen auf Ihre Bezugsperson waren, um leben und überleben zu können. Kindliche Erfahrungen von Auslieferung, Machtlosigkeit, fehlender Wertschätzung und Anpassung haben während Ihrer Entwicklung Ihren Selbstwert verletzt und Ihr Urvertrauen erstickt.

In Ihrem Leben begegneten und begegnen Sie Menschen, die durch ihr Verhalten noch Salz in Ihre Wunden streuen, ohne es zu beabsichtigen oder gar in vollem Wissen darüber zu sein. So sollten Sie sich mit sich selbst auseinandersetzen und sich um Ihre Verletzungen kümmern, anstatt Ihr Gegenüber verantwortlich zu machen. Das bezeichnet man als Selbstmitgefühl.

Echte Gefühle der Gegenwart

Ohne Pseudogefühle und mit Ihrem erlangten Selbstmitgefühl können Sie sich nun Ihren echten, aktuellen Gefühlen widmen. Wenn Sie Ihre echten Gefühle benennen können, sind Sie schon einen großen Schritt in Richtung GFK vorangekommen. Sie wenden sich Ihrem eigenen Erleben zu, erlauben sich zu fühlen, geben Ihren Gefühlen und Bedürfnissen den nötigen Raum und erkundigen diese. Sie können nun herausfinden, was Sie brauchen und was Ihnen wirklich wichtig ist.

DIE ZURÜCKGELASSENEN BEDÜRFNISSE

Laut Rosenberg befinden sich hinter Ihren negativen Gefühlen, wie Wut, Enttäuschung und anderen, enttäuschte Bedürfnisse. Sollten Sie sich also aufregen, weil Ihr Kind die Küche schmutzig hinterlassen hat und Sie sie jetzt aufräumen oder darin essen müssen, weil keine Zeit zum Aufräumen bleibt, da Sie sonst zu spät zur Arbeit kommen, dann ist höchstwahrscheinlich Ihr Bedürfnis nach Sauberkeit und nach Ordnung verletzt worden.

Hilfe in das Äußern von Bedürfnissen

Im Kontrast zu Beschimpfungen, Beleidigungen und Vorwürfen stehen laut Rosenberg Ihre eigenen Bedürfnisse, die Sie verständlich und direkt benennen können. Wenn Sie also Ihrem Kind sagen, dass Sie auf Sauberkeit und Ordnung Wert legen und Ihnen das wichtig ist, da Sie sich sonst unwohl fühlen, kann Ihr Kind besser darauf eingehen und es berücksichtigen.

Welches Bedürfnis wurde vernachlässigt?

Sollten Sie wieder in einer Situation sein, in der Sie wütend und enttäuscht von jemandem sind, dann nehmen Sie sich die Zeit und überlegen Sie sich kurz, welches Bedürfnis genau der andere durch sein Verhalten verletzt hat. Sie werden feststellen, dass es gar nicht einfach ist, das genaue Bedürfnis zu benennen. Manchmal sind es auch gewisse Dinge, die man mit der jeweiligen Person und dessen Verhalten assoziiert.

Welche Bedürfnisse können erfüllt werden?

Wenn Ihr Gegenüber nicht alle ausgesprochenen Bedürfnisse, die Sie ausdrücken, erfüllen kann, so hilft es nach Rosenberg trotzdem, über Ihre Bedürfnisse zu sprechen und was Sie mit dem Verhalten Ihres Gegenübers verbinden.

Ein authentisches, vertrauensvolles Gespräch, das in einer heimischen, wohligen Atmosphäre stattfindet und in dem Sie sich gegenseitig aussprechen können, verstärkt und verfestigt die Beziehung und bereichert Sie mit mehr Nähe und Verbundenheit.

1. Selbsterhaltungsbedürfnis/Existenz im physischen Bereich	Das eigene Wohlbefinden, körperliche, seelische und geistige Bedürfnisse, Nahrung & Trinken sowie das Ausleben der eigenen Sexualität und Schlafen
2. Sicherheitsbedürfnis	Schutz, Sicherheit im Alltag des Lebens, politischer Frieden, Schutz der Familie, Geld, Arbeitsplatz
3. Empathie-Bedürfnis	Aufzeigen von Verständnis, „gesehen und gehört zu werden", Anerkennung, Wertschätzung, Respekt, Akzeptanz
4. Wunsch nach sozialem Kontakt, Zufriedenheit und Eingliederung in eine Gruppe	Das Knüpfen von Freundschaften, Kontakt mit den Nachbarn, Eingehen von Partnerschaften,

	Heimatgefühl, Teil einer Gruppierung zu sein (Team, Arbeit, Familie), das Gefühl der Gemeinschaft zu erleben, Unternehmungen mit anderen Menschen und mit ihnen ähnliche/gleiche Interessen zu teilen
5. Wunsch nach Entspannung, Erholung und Freude	Ruhe, Freizeit und diese nutzen, um seine „Batterien neu aufzufüllen" und Kraft zu tanken
6. Wunsch nach Integrität und Autonomie	Die Bestimmung und die Entfaltung des eigenen Selbst, diesem Ausdruck zu verleihen und Verantwortung für das eigene Wohl zu tragen. Leben und arbeiten, wie es einem selbst zugutekommt. Sein Recht auf Wahlen wahrzunehmen, seine Ziele zu verfolgen.
7. Wunsch nach Sinnesentfaltung und der eigenen Würde	Den Sinn in seinem Tun sehen zu können. Seinen Beitrag im

	Kleinen und Großem beizutragen. Gefühl des „Gebraucht-Werdens" zu erfahren.
8. Feier- und Festlichkeit	Das Dasein des Lebens und der Ursprung und Entwicklung, seine Träume zu verwirklichen, Zielsetzung und Zielerfüllung
9. Esoterik und Spiritualismus	Friedfertigkeit, Spiritualität

Das Bitten und Wünschen muss gelernt sein

Bitten, statt zu fordern. Aus den bereits vorangegangenen drei Schritten erfolgt nun der vierte und letzte: die **Bitte**. Sie beschreibt oftmals eine konkrete Handlung. Genannte Wünsche beziehen sich auf Zustände oder auf bevorstehende Situationen. Bitten erfragt ein konkretes Verhalten; dadurch haben Sie eine größere Chance, erfolgreich zu werden.

Beispiele für Bitten:

- Bitte erinnere mich an den heutigen Termin, okay?
- Bitte schaue mich an, wenn ich mit dir rede.

Charakteristisch für das Bitten in dem Bezug auf die GFK:

- Aussagen die in der ICH-Form getätigt werden
- Konkrete Aussagen, die ein Aufweichen des Inhaltes vermeiden
- Bitten sind realistisch und sinnvoll, beinhalten keine Forderung, nicht verhandelbar.

Sie versuchen, Ihre Bitte in **„positiver Handlungssprache"** zu benennen. Das bedeutet, dass Sie explizit sagen, was Sie wollen, und nicht, was Sie nicht wollen. Dabei sollten Sie auf keinen Fall in der Erwartungshaltung sein, dass Ihre Bitte umgehend erfüllt wird, denn auch eine Nichterfüllung ist in Ordnung.

Sind die folgenden zwei Voraussetzungen gegeben, ist die **Chance auf Erfolg** Ihrer Bitte gegeben:

- Der Wunsch, sich dem Gegenüber zu öffnen und in ein vertrauten und empathischen Kontakt zu treten.
- Klarheit darüber, was wir genau von unserem Gegenüber erwarten, wollen und dies deutlich kommunizieren. Denn, wenn Sie selbst nicht wissen, was Sie möchten und brauchen, kann es der andere erst recht nicht.

Zusammenfassung: Die Bitte ruft auf eine positive Art zu Reaktionen des Gegenübers auf. Sie sind präzise und streben die Erbringung des ungestillten Wunsches an. Die Bitte ist auf das Hier und Jetzt fokussiert und richtet sich nicht an die Zukunft. Die Person, an die sich Ihre Bitte richtet, beinhaltet immer die folgende Option: die Erfüllung der Bitte oder nicht. Sie selbst stellen sich die Frage, wie Sie reagieren, wenn Ihre Bitte von Ihrem Gegenüber abgelehnt wird. Anhand dessen Reaktion erfahren Sie, ob Sie tatsächlich eine Bitte formuliert haben oder nicht doch eine Forderung. Ihre Bitte ist das Fundament in der GFK, welches Sie nicht nur in bei der Sprache, sondern auch im Alltäglichen weiterbringt. Das entwickelte Konzept von Rosenberg kennt drei Versionen, jemanden um etwas zu bitten: Die Handlungsbitte, die Ihrem Gegenüber aufzeigt, was er/sie exakt zu tun hat, um Ihr Leben zu bereichern. Die Beziehungsbitte, die den Kontakt und die emotionale Bindung zu Ihrem Gegenüber klärt. Und die dritte, die Verständnisbitte, die durchleuchtet, ob und auf welcher Art und Weise das Gesagte ankommt.

Bitte – Wie funktionieren Bitten?

Dieses Buch kann und wird Ihre bisherige Woche oder die kommende zu einer sehr erfolgreichen und besonderen Woche machen. Es enthält weitere Übungen, mithilfe derer Sie sogenannte Skills gewinnen können. Dabei werde ich Sie Schritt für Schritt begleiten, an

Ihre Umgebung einige ausgewählte Bitten zu lenken, die Sie bisher schon lange mit sich herumgetragen haben, aber bisher keinen Weg oder keine Möglichkeit gefunden haben, diese zu offenbaren. Nach diesen Übungen erfahren Sie, was eine authentische Bitte ausmacht und was die Kriterien für den Erfolg für zielführende Bitten sind. Sie fragen sich, warum das wichtig ist? Marshall B. Rosenberg sagte einmal, dass „in jedem unserer Wortbeiträge eine Bitte steckt. Viele dieser Bitten werden offen ausgesprochen. Der Erzähler erwartet etwas von seinem Gegenüber, ohne darüber zu reden. Das ist der Ausgangspunkt für viel Frustration." Eine klare, präzise Bitte hingegen verstärkt das Gefühl von Selbstwirksam- und -achtsamkeit.

Übung 1/ Bitte: Vermerk

Schnappen Sie sich bitte einen Schreibstift und einen Zettel und denken Sie an 15 Personen aus Ihrem näheren Umfeld und schreiben Sie diese auf. Dabei sollten Sie zehn aus Ihrem privaten Umfeld und fünf aus Ihrem beruflichen Umfeld notieren.

Die Bitte hinsichtlich der GFK

Die GFK von Rosenberg kennt verschiedene Arten von Bitten, die eine Person tätigen kann: die

Handlungsbitte und die Beziehungsbitte. So gehört eine Bitte, um eine Handlung von Ihrem Gegenüber zu erwirken und um eine inhaltliche Resonanz Ihres Gegenübers zu erhalten, zu einer Handlungsbitte. Wohingegen die Bitte um eine empathische Reaktion, die Bitte um ein Signal, ob Ihr Gegenüber Sie verstanden hat und die Wiederholung des Gesagten und eine kurze Resonanz darüber, wie es Ihrem Gegenüber mit Ihrer Bitte und deren Formulierung geht.

Wichtige Faustregeln für Ihren Erfolg einer Bitte

Versuchen Sie, Ihre Bitte in weniger als 50 Wörtern zu erfassen, indem Sie erst mit Ihrer Beobachtung anfangen, Sie beschreiben, was Sie dabei fühlen, Sie aussprechen, welches Ihrer Bedürfnisse aktuell vernachlässigt wird und durch Ihre Bitte wieder erfüllt werden soll, um dann Ihre Bitte klar zu kommunizieren.

Übung 2 / Bitte: Die Formulierung der Bitte

Die von Ihnen oben aufgelisteten zehn Personen erhalten von Ihnen jeweils eine andere Bitte. Schreiben Sie diese auf. Fragen Sie sich, was diese Person für Sie tun soll und worum Sie diese Person schon immer mal bitten wollten. Schreiben Sie diese Bitten spontan, sobald Sie Ihnen in den Kopf geschossen kommen, auf.

Übung 3 / Bitte: Bitten präzisieren

Nachdem Sie nun die zehn Bitten an die zehn Personen notiert haben, möchte ich, dass Sie nun auswählen, welche der Bitten und deren Erfüllung den größten Reiz in Ihnen weckt. Wenn Sie eine haben, dann bitte ich Sie nun, diese nach den unten aufgeführten Schritten der gewaltfreien Kommunikation auszuformulieren.

Was ist genau geschehen? Welche Beobachtung Ihrerseits veranlasst Sie dazu?

Wie fühlen Sie sich damit? Was fühlen Sie, wenn Sie an die Ursache Ihrer Bitte denken?

Welche Erfüllung erhoffen Sie sich durch Ihre Bitte. Welche Bedürfnisse sollen befriedigt werden?

Welche Formulierung sollte Ihre Bitte aufweisen? Worum wollen Sie bitten?

Nachdem Sie sich mit diesen Fragen auseinandergesetzt haben, überprüfen Sie, anhand der oben aufgeführten Kriterien, ihre spontan beschriebene Bitte und formulieren Sie ein Endergebnis.

Wiederholen Sie dies für möglichst viele Ihrer aufgeführten Bitten an die zehn Personen.

Übung 4 / Bitte: Prüfen

Prüfen Sie nun die Wirkung der ausformulierten Bitte bei einem Gespräch mit einer Kollegin oder einem Freund. Versuchen Sie anschließend, um ein authentisches und offenes Feedback, was die Bitte an Reaktionen auslöst, zu bitten.

Übung 5 / Bitte: Loslegen und Bitte äußern

Anschließend möchte ich, dass Sie Ihre Bitte der Person gegenüber aussprechen, für die sie bei Ihrer Auflistung gedacht ist. Achten Sie dabei vor allem auf die Reaktion.

Genießen Sie Ihren Erfolg, wenn der Bitte entsprochen wurde

Bedenken Sie Plan B, falls Ihr Gegenüber mit einem „Nein" geantwortet hat. Nutzen Sie diese Situation, um Ihr Gegenüber, sein Verhalten und dessen Bedürfnisse zu verstehen.

Gesprächsführung mit Kindern

„Ich verstehe nicht, was mir mein Kind sagen möchte." Diesen Gedanken haben womöglich viele Eltern und äußern diesen täglich. Auch im Kontakt mit anderen Eltern darüber, die Bedürfnisse ihres Kindes nicht zu wissen.

Über eine funktionelle Gesprächsführung mit Kindern findet sich so gut wie kein wissenschaftliches Schriftgut. Viele Fachbücher und auch Ratgeber befassen sich eher mit der Methodik der Erziehung von Kindern, in der die Kommunikation der jeweiligen

Familienmitgliedern eher in Hinblick auf das Erlangen der gewünschten Verhaltensweise erörtert werden. Wie Erwachsene am besten mit Kindern in Hinblick auf ihre Möglichkeiten miteinander kommunizieren können, wird wenig thematisiert.

Für einen Großteil der Menschen, wie auch für Sie vielleicht, ist das Artikulieren mit Kindern Grundstein und/oder Kernaufgabe ihrer Arbeit. Um sich einander besser zu verständigen und im Alltag Konflikte zu lösen, bedarf es einer emphatischen und klaren Kommunikation. Die im Folgenden dargelegten Grundregeln der Gesprächsführung und der oben dargestellten GFK kann für Sie eine gute Methode sein, ohne sprachliche „Verletzung" empathisch und achtsam miteinander umzugehen.

GRUNDREGELN DER GESPRÄCHSFÜHRUNG

„Reden geht doch fast von selbst.", hört man sicherlich oft. Ob von der Familie, von Freunden, den Nachbarn oder generell dem eigenen Umfeld. Möglicherweise ist man selbst die Person, die dieser Ansicht bisher war, doch spätestens bei dem eigenen Kind merkt man, dass eine sinnvolle und erfolgreiche Gesprächsführung mit dem eigenen Kind gar nicht so einfach ist. Natürlich muss man mit Kindern anders reden als mit einem Erwachsen, da man auf den Entwicklungsstand des Kindes Rücksicht nehmen muss, doch dabei auf Augenhöhe mit ihnen reden und ihre Gefühle und Bedürfnisse ernst nehmen sollte.

Ich werde Ihnen in diesem Buch viele Möglichkeiten aufzeigen, die Sie anwenden können. Dabei beginne ich mit einfachen Grundregeln, die Sie beachten und Ihr Gespräch mit dem Kind danach richten und aufbauen können:

Dem Kind die volle Aufmerksamkeit schenken:
Der Alltag mit Kindern erfordert immer einen gewissen Grad an Multitasking. Viele Erledigungen stehen an, wie zum Beispiel der Haushalt, der Einkauf, Arztbesuche, doch sollten Sie darauf achten, Ihrem Kind mindestens einmal täglich und besonders bei wichtigen Themen Ihre volle Aufmerksamkeit zu widmen; also keine Erledigungen nebenher, keine kurze Beantwortung in WhatsApp oder das Bügeln der Wäsche – konzentrieren Sie sich vollkommen auf Ihr Kind.

Den richtigen Zeitpunkt abwarten
Ein Kita- oder Schultag ist nicht zu unterschätzen, denn für Kinder ist das ein Arbeitstag. Er ist anstren-

gend, aufwühlend, mitreißend und erlebnisreich. Oft benötigen Kinder nach solch einem Tag erst einmal Ruhe und Entspannung. Also lassen Sie Ihrem Kind diese Zeit, sofern es nicht von selbst mit einem Gespräch beginnt. Seien Sie auf jeden Fall geduldig und warten Sie diese Verschnaufpause ab, selbst wenn Ihr Kind wegen anderer Dinge frustriert, müde oder gestresst sein sollte.

Den Gesprächsinhalt ankündigen

Gerade bei ernsthaften Gesprächen hilft es, dem Kind vorher anzukündigen, worüber Sie sprechen möchten. Fragen Sie Ihr Kind ruhig, ob es dafür gerade Zeit hat. Dadurch zeigen Sie Ihrem Kind nicht nur, dass Ihnen die Gefühle Ihres Kindes wichtig sind, sondern auch, dass Sie es als vollwertigen Gesprächspartner schätzen.

Auf das Wesentliche fokussiert sein

Ein Kind benötigt klare, präzise Aussagen, die es gut verarbeiten und verstehen kann. Vermeiden Sie also Ausschweifungen, mit denen Ihr Kind nichts anfangen und sie inhaltlich nicht nachvollziehen kann. Ebenso besitzen Kinder eine niedrigere Aufmerksamkeitsspanne als wir Erwachsenen, sodass Kleinkinder sich im Durchschnitt höchstens fünf Minuten konzen–

trieren können, bei Kindern im Grundschulalter sollten ernsthafte Gespräche nach etwa 20 Minuten beendet werden, sofern das Kind nicht selbst weiterreden möchte.

Konkret und transparent bleiben

Wer kennt das nicht: Um seine Aussagen zu untermauern, nutzt man Metaphern und gute Vergleiche, doch damit können Kinder nicht viel anfangen. Nutzen Sie daher kurze, präzise Aussagen.

Den Kind ernst nehmen

Trotz Ihrer elterlichen Autorität ist Ihre Meinung nicht die einzig wahre, deshalb seien Sie offen für andere Ansichten, respektieren Sie Ihr Kind und dessen Gefühle und Ansichten. Die Perspektiven Ihres Kindes und Ihre eigenen können nicht nur gleich, sondern auch unterschiedlich sein, weshalb Sie es nach seiner Wahrnehmung der Situation oder dem Thema ist. Begegnen Sie Ihrem Kind auf Augenhöhe, vor allem, indem Sie nicht von „oben herab" sprechen.

Offen für Kompromisse sein

Nehmen Sie Ihre Bedürfnisse und die Ihres Kindes wahr, gehen Sie gemeinsam auf Kompromisse ein und suchen Sie nach den entsprechenden Lösungen.

Dem Kind gegenüber einfühlsam und ruhig bleiben

Natürlich ist in solchen Gesprächssituationen viel Geduld gefragt. Meist werden Aussagen wiederholt, erklärt und umformuliert, dabei ist es wichtig, stets die Fassung aufrechtzuerhalten. Beginnen Sie nicht, Ihr Kind anzuschreien, mit ihm zu schimpfen oder gar herablassende Gesten, wie zum Beispiel Augen verdrehen, zu nutzen. Bedenken Sie immer, Sie sind und behalten ihre Vorbildfunktion, erst recht bei Meinungsverschiedenheiten.

Dem Kind Zuspruch zeigen

Führen Sie das Gespräch nicht mit negativ gestimmten Worten, sondern beschreiben Sie Ihr Anliegen positiv.

Gewaltfreie Kommunikation in der Erziehung

DER ALLGEMEINE ERZIEHUNGS-BEGRIFF

Um den Kernansatz der gewaltfreien Kommunikation zu vertiefen, ist es nützlich, sich zunächst deutlich zu machen, weshalb es überhaupt zu Konfliktsituationen in der Erziehung kommt. Was bedeutet für Sie „Erziehung" überhaupt? Laut Wikipedia handelt es sich um „... die von Erziehungsnormen geleitete Einübung von Kindern und Jugendlichen in diejenigen körperlichen, emotionalen, charakter–

lichen, sozialen, intellektuellen und lebenspraktischen Kompetenzen, die in einer gegebenen Kultur bei allen Menschen vorausgesetzt werden."

Es sei mal dahingestellt, inwieweit sich körperliche, intellektuelle und charakterliche Kompetenzen „einüben" lassen. Doch im Kern trifft die Definition schon die Mehrheitsansicht, die Eltern als Antwort auf die Frage tätigen würden. Wobei Sie es vereinfacht ausdrücken könnten, indem Sie sagen, dass Sie Ihrem Kind alles beibringen möchten, was es benötigt, um erfolgreich und glücklich zu sein.

Kinder sollen demnach das Verhalten, das Sie benötigen, um sich ohne größere Probleme in einer Gemeinschaft einzufinden und zu entfalten, sodass sie Akzeptanz und Zufriedenheit verspüren können.

Je nach Alter des Kindes werden die Bedingungen für eine erfolgreiche Gesprächsführung mit Kindern unterschieden. Im Alter des siebten Lebensjahres tritt zum Beispiel in der kindlichen Denkstruktur eine Wende ein und Kinder haben ein besseres Verständnis für bestimmte Begriffe als davor.

Nach Montessori gibt es eine sogenannte sensitive Periode für die Sprache des Kindes, die es von Geburt an bis hin zum siebten Lebensjahr begleitet. In dieser Zeit sind Kinder besonders auf ihre Muttersprache gerichtet und erwerben und manifestieren diese in Perfektion. Anschließend erstreckt sich die Zeitspanne zur Präzision des Sprachbildes im Zeitraum zwischen dem siebten und zehnten Lebensjahr. Hierbei handelt es sich vor allem um die grammatische Sicherheit und das Erlernen des Lesens und Schreibens. Die Fähigkeit, Kommunikation durch Hilfe von Sprache zu lernen, wird bis zum 10. Lebensjahr entwickelt. Besitzt das Kind einen umfangreichen altersgerechten Wortschatz, so bedeutet das nicht zwangsläufig, dass sie imstande sind, diese erfolgreich anwenden zu können, um Fragestellungen, die sie beschäftigen, und Antworten, um ihre Bedürfnisse auszudrücken, zu formulieren.

Eine erfolgreiche Artikulation mit Kindern fordert Verspieltheit und die Lösung fester Strukturen seitens des Erwachsenen. Delfos erklärte, dass es das Abgewöhnen von Angst und Ohnmacht erfordert, um Platz zu schaffen für Fantasien, Träume, Symbole, Ideen. Das beinhaltet das Freimachen von der Art des Leistungsdrucks und der Engstirnigkeit, so gut wie immer und überall gegenseitig Konkurrenz, Gewinn und Interpretation gewinnen zu lassen. Die Bereitschaft des Lernens eines Kindes ist nicht nur groß, sondern haben sie auch Spaß am Lernen, sodass sie dabei ihre Welt vergessen und sich darin ganz und gar entfalten. So wird neu Gelerntes im Alltag angewandt und normalisiert.

Kinder erfahren im Laufe des Heranwachsens, dass Erwachsene ihre Welt innerhalb einer fest abgrenzenden und sprachlichen Art zeigen, und sind somit einem großen Druck seitens der Erwachsenen ausgeliefert, sich dieser Art anzupassen. Das Kind fühlt sich stärker dem Druck des sprachlichen Funktionierens ausgesetzt; dieser wird mit zunehmendem Alter des Kindes größer. Es dient dem Kind nicht nur als Mittel zur Kommunikation, sondern auch als Instrument, das zur Ordnungsherstellung und -beibehaltung dient. Das kann man sehr gut an dem „Vor sich her"-Sprechen der Kinder beobachten. Piaget (1974) bezeichnet dies als egozentrische Sprache, die das Tun des Kindes begleitet und ihm hilft, es zu begreifen, zu strukturieren und zu koordinieren.

Möchten Sie bei Ihrem Kind Anschluss finden und dabei die nötige Methode der Gesprächsführung anwenden, so müssen Sie möglichst das mentale Alter Ihres Kindes grob einschätzen. Hierbei bedarf es keiner psychologischen Analyse, sondern sollten Sie stattdessen anhand von Anhaltspunkten verschiedener Art eine eigene Vorstellung des mentalen Alters Ihres

Kindes aufbringen können, um so Ihr Gespräch darauf aufbauen zu können. Mithilfe von Merkmalen aus den jeweiligen Phasen und den Kompetenzen, die mitgebracht werden, ist es möglich, eine Einschätzung vornehmen zu können.

In der psychodiagnostischen Untersuchung wird die Angabe des mentalen Alters eines Kindes benutzt und steht im Vergleich zu dem Durchschnittskind in dem jeweiligen Kalenderalter. Eine erfolgreiche und zielführende Gesprächsführung benötigt. Sie Wissen und einige Erfahrungen der Bedingungen in der Kommunikationsführung mit Kindern, die Inhalt ihres mentalen Alters sind, da Kinder im gleichen Kalenderalter nicht unbedingt den gleichen Sprachgebrauch aufbringen. Dennoch sollte dem mentalen Alter des Kindes kein zu großer Wert zugeschrieben werden, denn es dient lediglich dazu, sich den Dingen, die im Kind vorgehen, näher anzuschließen und ist willens Fehlverhalten zu vermeiden, die in Verbindung mit dem Alter des Kindes stehen.

DAS ZWISCHENSPIEL VON BEDÜRFNISSEN UND KONFLIKTEN IM FAMILIENLEBEN

Es ist das langfristige Ziel, die Kinder durch die Erziehung bestmöglich auf ihr Leben vorzubereiten. Ein schnell umzusetzendes Ziel ist es, mit jedem möglichst in Harmonie zusammenzuleben. Am besten funktioniert das in der Regel dann, wenn gegenseitige Rücksichtnahme der Bedürfnisse aller Familienmitglieder besteht und diese ernst genommen werden. Zu Konflikten kommt es meist nur dann, wenn gewisse Bedürfnisse der Familienmitglieder kollidieren. Angenommen, Ihr Kind möchte gern etwas vorgelesen bekommen, während Sie gerade dabei sind, das Abendessen zu kochen, wenn Ihr Kind gerade fest in seinem Spiel ist und Sie aber losmüssen, um es in die Kita zu schaffen, damit Sie nicht zu spät auf Arbeit kommen, oder wenn die kleine Schwester gerade mit dem Spielzeug des großes Geschwisterchens spielt und dieses es auch haben möchte.

Genau hier setzt das Konzept von Rosenberg ein, das dabei helfen soll, in solchen Konfliktsituationen, unsere eigenen Wünsche möglichst so zu benennen, sodass keiner verletzt ist oder sich gekränkt fühlt.

Deshalb werden Formulierungen ohne Vorwürfe und Wertung getroffen, um trotzdem eine beidseitige gute Lösung zu finden, die alle zufriedenstellt. Es ist wichtig, sich dabei liebevoll, wertschätzend, partnerschaftlich, empathisch sowie respektvoll auszutauschen.

Auf folgenden Annahmen basiert die GFK

Die oben genannte Definition des Begriffes der Erziehung zeigt auf, dass die meisten Eltern davon ausgehen, ihre Kinder seien „unvollkommene Wesen" und sie diese in ihre Form bringen müssen, sodass sie im späteren Leben gut zurechtkommen können. Das Konzept von Rosenberg hingegen besitzt ein anderes Bild des Menschen, welches nämlich das Kind von Anfang an verbunden und ein gutes Wesen haben und schon immer interessiert ist, sich für sie gewinnbringend in ihrer umgebenen sozialem Umfeld zu integrieren und dabei Rücksicht auf Bedürfnisse seiner Mitmenschen zu nehmen. Diese Alternative bezüglich des Kindes in spe ruft bei vielen nur Unverständnis hervor, da ihre eigene Umgebung jeglicher Vorwarnung seitens Tyrannen ist und von Kindern, die sich eben nicht kooperativ anpassen können. Dabei werden Rufe nach Konsequenzen und festen Grenzen hörbar und bei kleineren Kindern tritt sofort die Angst des Versagens auf und bedarf einer sofortigen Handlungen im Sinne einer erzieherischen Konsequenz. Die Ursache für unangemessenes Verhalten ist eher das Zeichen der Frustration über die, in den Augen der Eltern, nicht gewürdigte Bereitschaft der Kooperation der Kinder.

Das Fundament hierfür ist die Evolution: Schon jahrtausendelang kämpfte der Mensch ums Überleben und es herrschte Knappheit der Ressourcen. Da war es wichtig, einander in den schwierigen Zeiten beizustehen und kameradschaftlich zu interagieren, sodass Familien ein Zuhause hatten und keine Sorge um Nahrung haben mussten.

Es versprach, mehr Erfolg zu haben, je größer der Verlass auf die Mitmenschen war und die Hilfsbereit–

schaft untereinander. Natürlich haben Kinder untereinander konkurriert, weshalb es auch heutzutage noch Eifersucht unter Geschwistern gibt. Dennoch war es nicht sinnvoll, als Kind die Menschen durch unangemessenes Verhalten zu verärgern, die tagtäglich um das Überleben der Familie kämpften. Die Gefahr bestand darin, dass sich die Eltern von einem selbst abwenden und sich einem anderen Geschwisterchen zuwenden und bei der Aufteilung der Ressourcen das „abgeschobene" Kind benachteiligt wurde.

Wenn Sie mich fragen, habe ich bisher nur das Erlebnis gemacht, das kleine Heranwachsende sehr wohl interagieren, sofern sie sich geschätzt und ernst genommen fühlen und dabei viel selbstständig handeln dürfen. Redet man empathisch mit ihnen, fühlen sie sich verstanden und übernehmen die Art zu kommunizieren und sich dementsprechend zu verhalten. Bringt man Verständnis dafür auf, in welcher Gefühlslage sich jemand befindet, versteht man auch dessen Bedürfnisse und kann viel einfacher danach handeln. So ist es auch, wenn die eigenen Bedürfnisse wahrgenommen und berücksichtigt werden, dann ist man eher bereit, die seiner Mitmenschen ebenfalls zu erfüllen.

Dies ist jedoch in maßgeblicher Beeinflussung von der Emotion in seiner Entscheidung frei zu sein. Umso höher der Druckaufbau ist, desto mehr Gegendruck entwickelt sich. Sie kennen das sicherlich von Ihren Kindern, wenn Sie sie auffordern, etwas Bestimmtes sofort zu tun, wird das in der Regel verweigert. Nicht unbedingt, um nicht das zu tun, was Sie ihnen gesagt haben, sondern eher, weil sie fühlen, nicht selbst die Entscheidung treffen zu können, ob und wann sie dies oder jenes tun, und fühlen sich deshalb bevormundet.

Mein Erlebnis ist, dass, sofern ich selbst noch in meiner Entscheidung frei bin, habe, meine Chance deutlich höher, dass meine Bitte erfüllt wird, als das ich sofort eine Handlung meines Gegenübers sehen möchte. Die gewaltfreie Kommunikation beinhaltet zum Großteil das Konzept der Freiwilligkeit – denn Sie bitten darum, dass ihr Bedürfnis erfüllt wird. Formulieren Sie also eine Bitte, dann wissen Sie zuvor, dass Sie auch ein „Nein" hören können und akzeptieren müssen. Wenn Sie dieses „Nein" nicht akzeptieren können, so fordern Sie etwas ein. Die Fähigkeit, diese zwei Optionen zu differenzieren, ist sehr wichtig. Sie werden merken, dass, je öfter Sie eine Bitte aussprechen, desto weniger werden Ihre Forderungen diskutiert.

GFK: Der Umgang
mit Kindern

Wird die GFK bei Kindern angewendet, so kann es passieren, dass sich Türen und Tore öffnen lassen.

Beispiel: Ihr Kind spielt in seinem Kinderzimmer, während Sie das Mittagessen zubereiten. Das Essen ist fertig und Sie rufen Ihr Kind, es solle zum Essen kommen. Ihr Kind antwortet mit einem „Nein". So können Sie sich in den Wolf verwandeln und einfordern, dass das Kind zum Essen kommen soll, oder Sie lassen es einfach in Ruhe und es kann weiterspielen, bis es irgendwann von selbst kommt. Beide Optionen sind nicht im Sinne der GFK. Warum? Beide Parteien, sowohl Sie als auch Ihr Kind, haben ein tiefes Bedürfnis, nämlich einerseits Ihr Kind, das spielen möchte, und andererseits Sie mit Ihrem Bedürfnis, dass alle gemeinsam am Tisch essen. Nimmt man die GFK als Vorlage und möchte dies umsetzen, so gesellen Sie sich zu Ihrem Kind, setzen Sie sich daneben und begegnen Sie Ihrem Kind auf Augenhöhe. Schauen Sie Ihr Kind ruhig und freundlich an, sodass Ihr Kind Ihre tiefe, liebevolle Beziehung spürt. Nun können Sie Ihr Kind nach dessen Bedürfnis fragen, ob es denn spielen möchte. Ausgehend davon, dass das Kind mit Ja antwortet, können Sie nun weiter fragen, ob es denn gerade mitten im Spiel ist und es daher nicht abbrechen möchte. Ihr Kind antwortet ebenfalls mit Ja.

Nun sind Sie an einem Punkt des Gespräches angelangt, an dem oftmals Ratlosigkeit einsetzt. Wie kann man am besten das Kind davon überzeugen, in Gemeinschaft am Tisch zum Mittag zu essen, obwohl das Spiel für das Kind gerade wichtiger ist? Einige Pädagogen*innen sind der Meinung, dass man das Kind in seinem Spiel nicht unterbrechen sollte und generell von dem üblichen „Zum-Essen-kommen"-Ruf ablassen sollte. Sollten Sie auf das Zusammensein am Tisch

Wert legen, dann stellt sich die Frage „Was nun?", und „Was soll ich tun, wenn ein Kind nicht möchte?" Bei der GFK geht es darum, sich das Spiel genau anzuschauen, es zu benennen. Ihr Kind wird darauf antworten, ob es stimmt oder nicht. Liegen sie richtig, dann gehen Sie einen Schritt weiter und benennen Sie die einzelnen Abschnitte im Spiel, die eine kleine Pause zulassen. Ihr Kind wird sich genau wahrgenommen fühlen und empfindet in seinem Sein und seinem Tun viel Wertschätzung Ihrerseits. Und tatsächlich begeben Sie sich dorthin und wertschätzen Ihr Kind und dessen Spiel.

Jetzt können Sie sich thematisieren und Ihr Bedürfnis benennen, indem Sie sagen, dass es Ihnen wichtig ist, gemeinsam mit Ihrem Kind am Tisch zu essen. Es ist Ihnen wichtig, mit Ihrem wundervollen Kind gemeinsam am Tisch zu sitzen und möglicherweise gemeinsam über das Spiel des Kindes am Tisch zu reden. Ihr Kind verspürt Ihre emotionale Anerkennung seiner Person und hört nicht nur die Aufforderung, sein Spiel doch bitte zu unterbrechen.

Nach eigenen Erfahrungen ist das Kind bereit, gemeinsam mit Ihnen am Tisch zu essen. Auch wird es von Mal zu Mal leichter und beschwerdefreier, von allein an den Tisch zu kommen, und das Kind erkennt und anerkennt ebenfalls den Wunsch des Zusammenhaltes innerhalb der Tischgemeinschaft.

Der Umgang mit Kindern in Konfliktsituationen

Ich denke, ich spreche Ihnen aus der Seele, wenn ich sage, dass die gewöhnlichsten Konflikte unter den Kleinen diejenigen sind, bei denen jemand eine Erwartung hat oder etwas möchte, was gerade im Besitz eines anderen Kindes ist. Einige Kinder die beste Möglichkeit abwarten, um dieses sehnlichst gewünschte Spielzeug zu entwenden, einige hingegen spielen ihre Dominanz aus und wiederum andere warten ruhig, bis das Spielzeug frei erscheint. Letzteres können Sie als gewaltfrei einstufen:

Das Kind ist in der Lage, *sich selbst zu regulieren, was zwar schön, aber nicht weit verbreitet ist. Auch im Alltag der Kita ist die Aneignungs-Mentalität verbreitet, indem die Kinder nach der Aufmerksamkeit der Erzieherin haschen. Außerdem erlenen die Kinder erst, was moralisch gesehen richtig oder falsch ist. Gerade Kinder bis zu vier Jahren sind noch nicht fähig, vorrausschauend zu handeln und das an die vorgegebenen moralischen Normen orientiert. Fragt man so ein Kind, wie es sich dabei gefühlt hat, als es dem anderen Kind das Spielzeug weggenommen hat, wird es sich mit Sicherheit nicht schlecht fühlen. Daher sollten Sie Sätze, wie „Du sollst dich schämen!" aus Ihrem Sprachgebrauch ruhig streichen, dass heutzutage kaum noch gehört bekommt – welch eine Beruhigung.*

Nun stellt sich die Frage, wie Sie als Erwachsener darauf reagieren sollten. Oftmals wartet der Erwachsene ab, ob sich der Konflikt zwischen den beteiligten Kindern selbstständig löst, ansonsten greift er manchmal ein. Nicht selten wird es nach der Ihnen nun bekannten „Wolfs-Art" getan, bei der man bestimmt, wie der Ablauf der Situation weiterzugehen hat. Besser ist es natürlich, es auf die „Giraffen-Art" zu versuchen, indem Sie erst einmal versuchen, herauszubekommen, welcher der Wunsch des Kindes ist. Das Kind selbst weiß womöglich gerade nicht, was es zu tun hat, benötigt Ihre Hilfe und muss deshalb, in Ihren Augen, „stänkern". Vielleicht sucht es auch seit einiger Zeit vergeblich nach dem Spielzeug und hat es beim Spielen mit dem anderen Kind endlich entdeckt. Womöglich hat es selbst schon vorher bereits mit dem Spielzeug gespielt und wollte dies nach dem Toilettengang fortführen.

Ein Erwachsener, der nach „Giraffen-Art" handeln möchte, fragt bei dem Kind nach, was es in diese Stimmung gebracht hat und ob es nicht wusste, was es machen soll, und sich demnach hilflos fühlt. Außerdem könnten Sie es fragen, ob es die ganze Zeit über sein Spielzeug gesucht hat.

Egal, was und wonach Sie fragen, wichtig ist nur, dass Sie das Kind nicht durch Warum-Fragen bloßstellen. Warum hast du so gehandelt? Es gibt kein Kind, das darauf antworten kann. Diese Warum-Fragen enthalten eine Schuldzuweisung – eine moralisch aufgebaute Frage und für eine Kita völlig unangebracht. Entsteht eine Situation, in der Kinder sich gegenseitig die Schuld zuweisen, zeigt das ebenfalls nur, dass wir Erwachsene den Kindern schon enorme Gewalt durch solche Zuweisungen zugefügt haben. Die Kernaussage hinter der Warum-Frage ist, ob das Kind dem anderen Kind schaden wollte, und das sehen Sie hoffentlich selbst, dass es unsinnig ist, einem kleinen Kind so etwas nachzusagen.

Meist bekommt man in der Regel schon schnell eine Antwort von dem Kind, welches Bedürfnis aktuell unbefriedigt ist. Nur sind wir Erwachsene in der Pflicht, unsere Frageweise immer wieder zu üben. Oftmals können Kinder ihre Konfliktsituation selbst lösen, nur benötigt dies viel Geduld und Vertrauen Ihrerseits in die Kompetenzen der Kinder. Das ist wahrlich eine Kunst, die man täglich üben muss. Erfahrungen zeigen, dass dies unter Stress deutlich erschwerter ist. Und der Alltag innerhalb der Familie und in den Kitas ist oft alles andere als stressfrei ist. Gelingt es aber, den „Streithahn" oder die „Streithenne" zu entspannen, da man das Bedürfnis des Kindes kennt und benennt und dementsprechend hilft, die Bitte dem anderen gegenüber zu formulieren, dann färbt das auf die ganze Familie oder die Gruppe ab und schafft eine harmonische Atmosphäre des Miteinanders.

GFK: Umgang mit „schwierigen" Kindern

Widmen wir uns den schwierigen, auffälligen, verhaltensauffälligen und aggressiven Kindern zu, die Ihnen als Elternteil gedanklich ziemlich zusetzen und nachts den Schlaf rauben.

Ich möchte dieses Thema nutzen, um noch einmal auf der Grundlage des Konzeptes zurückzukommen: Sie besagt, dass beide Sinnbilder, der Wolf und die Giraffe, in uns wohnen. Der „Wolf" an sich, ist kein Ungeheuer, kein Monster laut Rosenberg. Hebt er die Stimme in uns, dann ist das ein Signal für Sie, auf sich selbst zu schauen und zu überlegen, welches Bedürfnis gerade bedroht wird. „Aggressive" Kinder, welche man auch als „wölfische" Kinder bezeichnen kann, haben eben dieses Problem: zu formulieren, welches Bedürfnis gerade bedroht wird. Mit der gewaltfreien Kommunikation besitzen Sie die Fähigkeit, genau das feststellen zu können.

Als Erwachsene können wir Brücken erbauen, die den Kindern eine Stütze geben und zu ihnen in die

Familie zurückführen können. Wie oben bereits erwähnt, helfen hierbei die „Giraffen-Fragen", um das Kind friedlich werden zu lassen, sofern sein Bedürfnis verstanden werden, verständnisvoll formuliert und geholfen wird, die Bedürfnisse zu stillen. Manchmal liegt es an Reizüberflutungen, die Kinder zu einem aggressiven Fehlverhalten führen, oder der Kummer, der übersehen wird, oder einfach der ungestillte Hunger.

Zu oft wird dies nicht gesehen, dass es einfache Dinge sein können, die ein Kind zur Aggression führen können. Obwohl sie viel leichter zu lösen sind. Schwieriger wird es dann schon bei anhaltender Traurigkeit, der andauernden, häuslichen Vernachlässigung, welche sich dann in den Handlungen der Kinder zeigt. Hier bedarf es viel mehr Zuwendung und Betreuung. Hier ist die gewaltfreie Kommunikationsmethode sehr wertvoll und erforderlich. In Problemfällen ist es erforderlich, sich Zeit zu nehmen, und, wenn Sie die vier Schritte beachten und gut anwenden können, gewinnen Sie sicher viel.

Haben wir hingegen wahrnehmungsbeeinträchtigte Kinder, Kinder, die ihre Emotionen nicht bezeichnen und schon gar nicht die der anderen wahrnehmen können, dann fehlt ein Grundstein, um die Idee Rosenbergs anwenden zu können. Sie sind womöglich als

Erwachsener fähig, die vernachlässigten Bedürfnisse des Kindes zu erfahren und es abzuholen, doch beginnen Sie, das Bedürfnis der Kinder zu benennen, so ernten Sie in den meisten Fällen Unverständnis.

Das Kind hat einen Blick, der durch Sie hindurch geht, sofern es schon seit Langem die Erkenntnis machte, dass Sie oder eine andere Person versucht, die Betroffenheit der Emotion des anderen zu verdeutlichen. Ist das Kind jünger, fängt es womöglich an zu schreien und die von Ihnen aufgebaute Brücke beginnt zu brechen, da es den Kindern an der Wahrnehmungsfähigkeit für Emotionen anderer Menschen fehlt.

Hier bedarf es der differenzierten Erarbeitung der Thematisierung von Gefühlen und deren Ausdruck. Diese Kinder bedürfen therapeutischer Hilfe, welche Ihre Kompetenz überschreitet. Auch gewaltfreies Kommunizieren ist keine Therapie, sie baut lediglich auf der Fähigkeit zur Empathie auf. Sollte diese Fähigkeit nicht vorhanden sein, so benötigt das Kind spezialisierte Hilfe. Wird es im Alter eines Kindergartenkindes deutlich, so wird es problematisch, weil diese Kinder erst erlernen müssen, was bei den meisten schon frühkindlich angeeignet wird. Aus verschiedenen Gründen haben einige Kinder eine unterentwickelte „Gefühlskarte".

Die, die ihre eigenen Gefühle kennen, können sich in Gefühle anderer einfühlen und wahre, authentische Anteilnahme entwickeln. Jedoch weiß man, dass ab dem vierten Lebensjahr das Kind dies auch bezeichnen kann. Jüngeren Kindern fehlt es an abstraktem Denkvermögen, weshalb sie nicht in der Lage sind, sich in andere hineinzuversetzen, können aber Zeichen erkennen, Mimik und Gestik wahrnehmen und Absichten erörtern. Dies muss bei wahrnehmungsbeeinträchtigten Kindern erlernt werden. Es ist nicht gegeben, dass über den Pfad der Erkenntnis eigener und der Gefühle anderer erkannt werden kann. Können sie es nicht, so wird es folglich bei fast jeder Konfliktsituation aggressiv handeln.

Ich habe aus einigen Erfahrungen gelernt, dass es nur Sinn ergibt, diese Kinder schon bei der Entstehung eines Konflikts aus der sogenannten „Schusslinie" zu holen, da sie sich nicht selbst regulieren können und Ruhe und Hilfebereitschaft von außen benötigen. Dabei kann Hilfe einfach die Hand zu halten oder eine von Reizen gemilderte Umgebung sein. Wenn dann das Kind beruhigt ist, können Sie nun das Gespräch einleiten und dies im Sinne der GFK führen, und wer weiß, vielleicht kommt etwas sehr Schönes zustande.

Beispiel: Sie sitzen zusammen mit Ihren Kindern am Tisch und eines Ihrer Kinder sagt „Pups" und „Kacka". Natürlich wollen Sie das nicht, also werden Sie das dem Kind deutlich sagen, wobei das Kind strahlend weiter von seinem „Pups" und „Kacka" erzählt. Sie sind genervt, weil Sie so eine Störung bei Tisch nicht haben möchten und weil womöglich Ihre anderen Kinder in die Störung einsteigen. Vielleicht sehen Sie sogar generell das Kind als „Störenfried" an und wissen, dass es von allein keine Ruhe geben wird. Sie werden es hinausbegleiten, um mit den anderen Kindern/Familienmitgliedern in Ruhe weiter essen zu können.

Nun kommt Ihr Lebenspartner dazu, sucht womöglich das Gespräch mit dem „Störenfried". Jetzt erklärt das Kind, es musste vom Tisch weggeholt werden, da es pupsen musste und Pupse stinken und das stören würde, was es ja versteht. Hier spielt für das Kind das Bedürfnis, dass Sie eine friedvolle Essenssituation haben möchten, keine Rolle. Es war so sehr mit seinem eigenen Körper und deren Ereignissen beschäftigt, dass es alles andere ausgeblendet hat. Doch Sie haben eine „wölfische" Provokation erlebt, die zu dieser Situation wurde, als Sie das Kind ermahnten, sein Gespräch zu unterbinden. Doch nun, da Sie einiges über die Grundlagen der GFK erfahren haben, wissen Sie immerhin, dass das Kind ein Problem mit seiner Verdauung hat und Sie es hätten gleich erfragen können, ob es auf die Toilette gehen muss.

Zusammenfassung und Fazit

D as Modell der GFK weist folgende Annahmen auf:

- Die Befriedigung aller Bedürfnisse
- Wir führen und erleben gute Beziehungen, wenn wir zusammen Bedürfnisse erfüllen möchten.
- Jeder hat besondere Fähigkeiten, die dann erfahrbar werden, wenn wir durch Empathie mit ihnen in Kontakt treten.

- Hinter jedem Fehlverhalten steckt ein bedrohtes Bedürfnis.
- Alle Bedürfnisse sind wichtig.

Die Ziele der GFK:
- Aufbau von befriedigenden Beziehungen und diese zu erhalten.
- Befriedigung der Bedürfnisse, ohne anderen zu schaden.
- Verletzende Kommunikation zu verändern.
- Konflikte zu lösen.

Die vier Schritte der GFK:
1. Beobachtung – getrennt von der Bewertung
2. Gefühl – authentische Gefühle, keine aufgesetzten
3. Bedürfnis – das eigene erfüllen
4. Bitte – kein Wunsch, keine Forderung.

Beginnen Sie mit der Erlernung, die Worte hinter der Botschaft zu hören, die Bedürfnisse, die ihr Gegenüber erfüllt haben möchte, es ihm lediglich schwer fällt es auszudrücken, da es nie gelernt oder verlernt wurde.

Durch einfühlsames Zuhören und authentisches Auftreten ohne zu verletzen, gewinnen Sie lebendige

Beziehungen mit echter Wertschätzung und intensiver Lebenslust und -freude.

Die Methode der von Rosenberg entwickelten gewaltfreien Kommunikation stellt einen guten Ansatz dar, Abstand zu einer Situation des Gespräches mit einer anderen Person zu bekommen, sodass man sich nicht nur in sich selbst, sondern auch in sein Gegenüber hineinversetzen und gemeinsam auf gleicher Augenhöhe agieren kann, gemeinsam eine Lösung findet, bei der sich jeder verstanden und geschätzt fühlt. Probieren Sie es einfach aus und schauen Sie, ob und wie sich die Methode auf Ihren Alltag auswirkt. Ich denke, es ist das Wichtigste, dass Sie es ernst meinen und Ihrem Gegenüber Empathie und Respekt entgegenbringen. Viel Erfolg!

Herstellung und Verlag:

BoD – Books on Demand, Norderstedt

ISBN: 9783754361061

1. Auflage

Kontakt: Psiana eCom UG/ Berumer Str. 44/ 26844 Jemgum

Covergestaltung: Fenna Larsson

Coverfoto: depositphotos.com

FSC
www.fsc.org

MIX

Papier aus ver-
antwortungsvollen
Quellen
Paper from
responsible sources

FSC® C105338